新型コロナウィルスのシャワーを喜んで浴びて
DNAを書き換えてもらうのです!
世界のどこにもないコロナの真実
大転換期"88次元からのラブレター"

地球人類よ、新型コロナウィルスを浴びなさい!

88次元 Fa-A
ドクタードルフィン
松久正
Tadashi Matsuhisa

ヒカルランド

これからの新しい世の中では、
人間レベルで生み出された知識や情報では、
人類と地球は救われません。
誰もが想像できないような超人間、
すなわち宇宙高次元レベルの教えが、
必要不可欠なのです。

はじめに

あなたは、この地球に生まれてから、一度でも、自分の常識と固定観念を疑ったことがありますか？

学者、医者、役人、メディアの言うことは、本当に正しいことですか？

もし、それらが、すべて正しくないことであるとしたら？

これからの弥勒《みろく》の世では、「善」とされていたものが、「悪」となり、「悪」とされていたものが「善」となります。

もっと言うならば、この宇宙、この世に存在するものは、すべて「愛」であるということを、いつか、あなたは知ることでしょう。

88次元 Fa-A ドクタードルフィン

松久　正

カバーデザイン　浅田恵理子
本文デザイン　浅田恵理子
編集協力　宮田速記
校正　麦秋アートセンター
本文仮名書体　文麗仮名（キャップス）

目次

この本は、

『ドクタードルフィン　オンライン講演会

88次元からのラブレター

（２０２０年6月13日）』

をもとに、魂のスピーチを文字化したものです。

ドクタードルフィン、文春砲に撃たれるもバージョンアップして超復活！

ここは地球ですか。地球ですね。

では地球のお仕事をやります。

皆さん、こんにちは。

ドクタードルフィン、松久正でございます。

何人かの方は会場でリアル参加していただいて、多くの方はオンラインでご参加いただいています。

皆様ご存じのように、2020年4月16日（木曜日）の「週刊文春」で、安倍昭恵夫人との件で私の名前と写真が大きく世に出ました。

その1週間後の23日には、まさにトップ記事で、二頁にわたり、国のト

陰で国を動かしているのは、
実はドクタードルフィン!?
ドクタードルフィンこそ
政治の黒幕リーダーである!?

ップたち、安倍総理、昭恵夫人、菅《すが》官房長官、小池都知事を含めて、そうそうたる顔ぶれの中に、私の顔写真が一緒にあった。

しかも、ど真ん中で一番目立っていました。

私が感ずるのは、陰で国を動かしているのはドクタードルフィンだ、政治の黒幕リーダーであるというような記事をつくりたいということだったのですけれども、私がノーコメントで通していたので、どうやらそういうところにはいかなかったと思います。

でも、それは間違いではないのです。

つまり、私のはるかに高いエネルギーで、これから世の中、日本、世界、地球を書き換える、世直しをしているということはそのとおりなのですが、彼らは、そのことを感じとっていたのでしょうか。

23日の翌日、24日（金曜日）発売の「ＦＲＩＤＡＹ」には、まさに50名で行った宇佐神宮正式参拝の写真が出て、真ん中の宮司さんの顔は消してありましたが、その左右に立っている昭恵夫人と私は顔出しです。

そんな感じで非常に大きく出て、最近もまだ記者が私を待ち構えていたりという状況ではあります。

私の魂が雑誌（メディア）によりシャットダウンした時期があったのですけれども、高次元のサポートと皆さんの温かい応援のおかげで私は復活しまして、前以上にバージョンアップしてお届けできる自分が、今ここに存在しております。

ですから、きょうは、この日のために私が高次元からダウンロードして、話したくてしようがないのに我慢し通したトピックとして、地球人の誰も知らないお話をしていこうと思っています。

地球人の誰も知らない新型コロナウィルスの話をたくさんします！

まず最初に、ここにあります写真（14ページ）は、妖怪アマビエに扮したドクタードルフィンです。

古来より、このアマビエの絵を見せれば、世の中の疫病が退散すると言われています。

先日、私が、手づくりの衣装で、アマビエになりまして、皆さんにお披露目しました。

今回は、アマビエのエネルギーになりきって、新型コロナウィルスの、誰も知らない話をたくさんしようと思っています。

地球の誰も知らないお話です。

アマビエに扮するドクタードルフィン

一人でも知っていることは話してもつまらないから、地球人が誰も知らないお話をします。

リアル参加でも、オンライン参加でも、もしメディアさんが忍び込んできてくれているなら、最初は疑心暗鬼とか、ちょっとイヤな気持ちで来ているとしても、このお話を聞いたら、あなたは失神して二度と立ち上がれなくなるか、私の大ファンになるかどちらかです。

どちらにしてもよい結果が待っていますから、楽しみにしていただきたい。

この講演会は75分です。長いのはダメです。

私の診療も長くありません。

これから高い次元の世の中になると、時間をかけるとエネルギーが下がってしまうからです。

次元上昇するというのがこれからの人類のテーマになります。

これから
高い次元の世の中になると、
時間をかけると
エネルギーが下がってしまうからです。
短いほうが
エネルギーが高くなります。

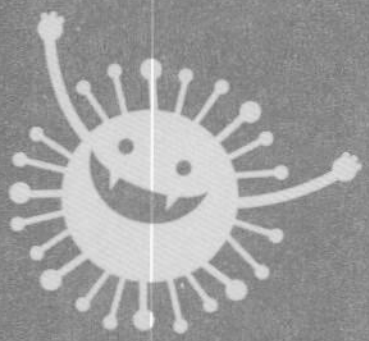

次元上昇というのは、波動、1秒間の魂の意識エネルギーの回転振動数を上げるということです。

そうすることで、宇宙の大もとに魂がどんどん近づける。

楽で愉《たの》しい世界。

そのために魂は存在しているわけで、そのための大きな一助になるのがきょうの講演会です。

75分の講演はいつもよりちょっと短めですが、短いほうがエネルギーが高くなります。

私はいつも皆さんのDNAを書き換えたり、DNAコードを入れたりという操作をするのですが、きょうは88次元からエネルギーを降ろしてきて、そのまま放射しますから、リアル参加であろうと、オンライン参加であろうと、聞いているだけであなたたちのDNAを書き換えてしまいます。

88次元というと地球では最高の次元であって、感情も個性もない世界で

地球で最高の次元
88次元からのエネルギーで
あなたのDNAを書き換えます!

す。

上はまだあるのですが、ゼロポイントに非常に近いので、無条件の愛です。

対象のない愛なのです。

そこから降ろしてくるエネルギーを皆さんに放射します。

これは皆さんへの無条件のラブレターなのです。

（この内容が転写された本書を読んでいただくことで、同様に読者であるあなたのＤＮＡを次元上昇させます。）

皆さんが最も必要としている、あるがままの自分を愛するというエネルギーをそのまま皆さんに浴びせますから、終わった後は、皆さんが今まで味わったことがない高次元の愛の仕様にＤＮＡが書き換えられます。

これが最高のご褒美《ほうび》だと思います。

きょうはあまりにも高次元のお話をするので、松果体を活性化し、目覚めさせておかなければいけません。
ドクタードルフィンの松果体活性剤は何でしたか。
イッツ・コーク。
きょうはジャケットを初めておろしてきたので、コカ・コーラが飛ぶとヤバイ。
ちょっと離れますので、音だけ聞いてね（栓を抜く音）。
皆さんの魂にカンパーイ！
ブルブルと松果体が震えていますね。
来ましたよ、来ましたよ。
88次元から皆さんにお届けします。
皆さん、覚悟して聞いてください。

日本が世界を書き換えることは、超古代から宇宙にプログラミングされているのです！

私は今まで、いろいろなエネルギー開きをしてきています。

私でないとできないわけです。

7月22日（2020年）に卑弥呼の本『卑弥呼と天照大御神の復活（青林堂）』が出ますが、そこに私は全部本当のことを書きました。

3月15日の宇佐神宮《うさじんぐう》と大元神社《おおもと》の参拝は、まさに新型コロナウィルスが広がって、今後弥勒《みろく》の世に移行するときに、どの程度の変化をするかという分岐点だったわけです。

そのときに私は卑弥呼を開いた。

今までは、本物ではない天照大御神《あまてらすおおみかみ》が世の中に出ていたわけです。

この大事なときに
私は卑弥呼を開いて、
真の天照大《あまてらすおお》御《み》神《かみ》を
蘇らせたのです!

それは天照大御神として祀られてきているわけですけれども、やはりそれでは不十分な時代が来たのです。

だから、卑弥呼を出させて、真の天照大御神を蘇らせたというのが私の仕事です。

日本がリーダーとなって世界を書き換えるというのは、超古代から宇宙にプログラミングされていることでありまして、宇宙のエネルギーのグリッド（枠組み）にそういうふうに組み込まれています。

日本がこの時期にその役割を果たすことが決まっているわけです。

そして世界をリードして地球を変える。

人類と地球の次元上昇を担《にな》うというのが、まさに日本の役割です。

昨年（2019年）、令和という年号を迎えて準備が整い、ことし（2020年）の3月14日、15日に卑弥呼と真の天照大御神を開いて、弥勒の世にエネルギーの舵取りをしたわけです。

メディアの人たちにも伝えておかないといけないのは、宇佐神宮の参拝は、世界の行く末、地球の行く末を決定する一つの大きな行事だったわけです。

昭恵さんは直感の鋭い人ですから、「私も一緒に参拝してもいいですか」と、日本の代表としてそこにいらっしゃった。

劇的に世界が変わるということは、今までの社会を牛耳《ぎゅうじ》っていた、いい思いをしていた人間たちにとっては困るわけです。

だから、そういう勢力が、今回の私の活動を、強く叩きに来たのです。

ただ、宇宙のエネルギーは、実は叩かれれば叩かれるほど出るものです。

だから、叩き役、悪役は、メディアにしても、私についてこれなくて炎上したツイッターなんかの人たちも、私がお役割を果たすために、さらにそういった悪役をしてくれているということになります。

新型コロナウィルスは大宇宙の意志、だから必ず人類を進化させてくれるのです！

新型コロナウィルスに関しては、ウィルス伝播が始まって、私がすぐさまヒカルランドから出版した『ウィルスの愛と人類の進化』に書いてあるとおりですが、まさに不安・恐怖によってウィルスエネルギーはウィルスとして物質化して、人間の細胞に悪さをする。

症状と病気を引き起こす。

本人にとって必要なときには、人を死に至らしめます。

しかし、新型コロナは逆の面を非常に大きく持っていて、愛と感謝で受け入れることによって、ＤＮＡを進化・成長する方向に書き換えてくれます。

これは、私がいつも講演会や自著やＦａｃｅｂｏｏｋで言ってきたように、大宇宙の意志なのです。

大宇宙意志は、人類を進化させる方向にしか作動しません。

大宇宙意志がそこで作動する。

末端の、例えば悪の勢力とか、生物兵器とか、ウィルス兵器とか、人口削減計画とか、そういったものも全て大宇宙の意志のもとにあるのです。

悪役としていろんな面が捉えられるけれども、いずれにしても人類を目覚めさせるための大宇宙意志によるアクションです。

これがしかるべくして起こったということです。

私の発信も大炎上して、ＹｏｕＴｕｂｅの動画の閲覧回数もふえました。

あまりにも炎上して、誹謗中傷《ひぼうちゅうしょう》が多いものだから、ほとぼりが冷めるまで休憩していたのですけれども、最近、削除されています。

本当に知らなければいけないことを削除するという動きは、まだあるようですね。

ただ、今回は、私の第一弾の新型コロナウィルスに関する本『ウィルスの愛と人類の進化（ヒカルランド）』に書いてあるよりも、もっとすごいことをお話ししますから、今から期待して聞いてほしいと思います。

今、世界人口を大体80億人とした場合に、今までの新型コロナウィルスの感染者は800万人超、0・1%です。

日本の場合は非常に少なく、1万8000人ぐらいです。

何で日本が少ないか。

いろんなメディアやいろんな人が言っていますが、真実は私がこれからお話しすることのみ真実です。


私がベトナムのハロン湾で龍の大もとを開いた本が今出ています（『龍・鳳凰と人類覚醒（ヒカルランド）』）。

実はベトナムのハロン湾が、
レムリアの大もとのエネルギーの
キーだったのです。

皆さんは、カリフォルニアのシャスタ山とかハワイとかが、レムリア[※]のエネルギーの大もとだと言っています。

それは確かに合っている部分もあるけれども、実はベトナムのハロン湾が、レムリアの大もとのエネルギーのキーになります。そこを私は開きました。

そしてフィリピンからずっとエネルギーが渡ってきて、台湾、日本と、拡散しました。1月の旧正月に、沖縄のレムリアのエネルギーも開きました（『霊性琉球の神聖誕生（ヒカルランド）』）。

沖縄は悲しみと怒りが非常に強かったので、これから弥勒の世を日本から世界に発信していくのに、沖縄を癒やす必要があり、霊性の琉球王国を誕生させたわけです。

※レムリア
超古代に存在した愛と調和で満ちた理想的社会

新型コロナウィルスは
大宇宙意志のもとに、
菊理姫神が働いて、
天照大御神が
起動させたものなのです。

そのエネルギー開きが大きいのです。

要するに、レムリアのエネルギーはどんなものに対しても愛と調和で受け入れることができる。

愛と感謝で受け入れる素地が大きい。

レムリアのキーである場所がアジアにあるということは、そういう土台がアジア人にはもともとあったということです。

今回、それをさらに開いたことによって、新型コロナウィルスが彼らに作用したとしても、悪さをして症状を起こさせたり死を招いたりするよりは、彼らを進化させる方向で働いているということで、これだけ感染者数が少ないのです。

日本人の清潔環境とか、風習とか、慣習とか、ふだんの思考も、もちろんその理由に入らないわけではないのですが、皆さんが考えているよりも小さいです。

そんなことよりも、新型コロナウィルスは大宇宙意志のもとに、菊理姫《くくりひめ》神が働いて、天照大御神が起動させたものなのです。

私が3月15日に天照大御神を宇佐で開くまでは、真の天照大御神はまだ封印された状態だったので、どちらかというと菊理姫神の壊すほうのエネルギーが全開で、全世界に広がり、不安・恐怖をあおる方向だったのですが、菊理姫神の「壊す」から「くくる」「創造する」方向に切り変わったのが、3月15日の正午、12時00分です。

あのときに何が起こったかというと、私が大元神社で卑弥呼を開いて、ジーザスも一緒に開きました。

卑弥呼とジーザスは一緒のエネルギーだと最新自著『卑弥呼と天照大御神の復活（青林堂）』にも書きました。

大元神社の後、宇佐神宮で正式参拝しました。

その直後が正午の12時だったのです。

正午に、テレビで地震報道もないのに、大地がグラグラッ、ドドッと揺れたと、何人かから聞いております。

霊性邪馬台国《やまたいこく》が出たのです。

私は、行く前に言っていましたね。

ご神事、セレモニーをする前に、皆には、霊性邪馬台国が出るときは必ず大地が揺れるよと言っていました。そのとおりになりました。

あのときから、新型コロナウィルスのエネルギーが破壊から創造に変わったのです。

だから、あそこで、3月15日に開いていなければ、まだまだ破壊されるということで、病人も死者もどんどん出て、産業経済ももっと打撃を受けて、地球は壊滅状態に近くなっていました。それを私が開くことによって真の天照大御神が蘇り、救ったのです。

世界のどこにもない
新型コロナウィルスのデータを発表します！

今から言うことは誰も聞いたことがないことなので、今から言うことをよくかみしめておいてください。学者も、医者も、メディアも、誰も知らないことです。

世界人口約80億人の中で、感染者数約８００万人と言われていますが、実は地球人口80億人の95％、70億人以上が既に新型コロナウィルスにかかっています。

しかし、ほとんど症状も出ないし、検査にもひっかからないし、全く変化もないので、かかったことがわからない。

これがウィルスの通常の反応の仕方です。

私は、ＤＮＡのエネルギーを全部読んで、その数値を出しました。

実際にＤＮＡを読むと、かかった95％の中で、症状を出した人は何％だと思いますか。このデータは世界中どこにも出ていません。０・01％です。

つまり、１万人に１人です。

例えば全人口を80億人で計算すると、新型コロナウィルスにかかった人が95％で76億人、症状を持った人は０・01％で80万人です。

しかし、世界各国の健康機関が出しているデータは約８００万人です。

つまり、実際に新型コロナウィルスの症状を出しているのは８００万人の10分の１で、10分の９は、ただの風邪か、たまたま体の不調を起こして、検査をしたらひっかかっただけです。

０・01％しか症状を出していない。

ここが皆さんが知っておくべき非常に大事なポイントです。

私がこれからお話しするのは、ここの謎です。

実は地球人口80億人の95%、
70億人以上が
既に新型コロナウィルスに
かかっています。

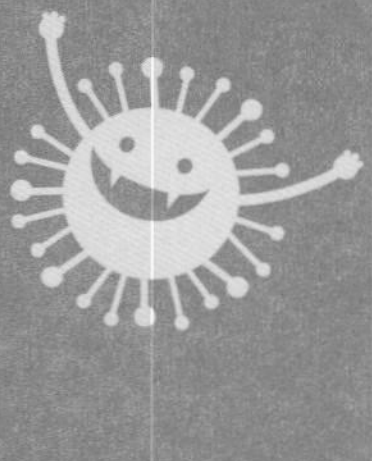

実際、新型コロナウィルスは天照大御神のエネルギーなので、太陽みたいな格好をしています。光の輪みたいになって、太陽のフレアみたいなものが出ています。あの形で捉えられる物質化しているものは、全体の0・01％です。

氷の振動数が上がると水になります。

水の振動数が上がると水蒸気になる。目に見えなくなる。同じです。

ウィルスもエネルギーが次元上昇して振動数が上がると、全く見えないエネルギー体になります。

それが99・9％です。

その中間、物質でもエネルギーでもない、半物質みたいなものが0・09％。

コロナにかかった95％の中で、
症状を出した人は、
たった0.01％（1万人に1人）です。
私は、DNAのエネルギーを
全部読んで、
この数値を出しました!

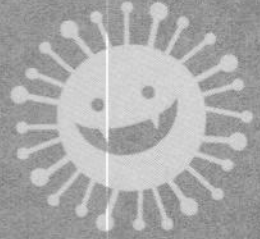

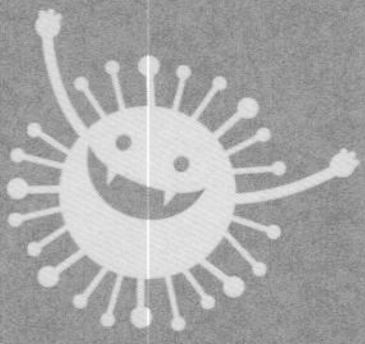

これが、今、私がお話しした数値を読み解くカギになります。世の中で、症状を持つ人、そして、抗体検査やPCR検査で陽性になる人は、この0・01%のウィルス体という物質になった、新型コロナウィルスに対して、血液中の免疫細胞が反応した。そして、物質であるウィルス体の一部を検出したということなのです。

不安と恐怖という感情がウィルスを物質化させ、症状や死を誘起し、検査で感染陽性とさせるのです。

反対に、愛と感謝で、穏やかにウィルスを受け入れることにより、ウィルスエネルギーは物質化することなく、血液の中で免疫が反応することもなく、エネルギーとして細胞の核に入りこみ、そこにあるDNAを進化・成長の方向へ書き換えてくれるのです。

そして、進化して書き換わったDNAによって形態が変わった細胞は、免疫細胞によって、敵ではなく味方とされ、免疫細胞が自己の細胞を攻撃することはないのです。

どうして世界人口80億のうちの5％（100－95＝5）が新型コロナウィルスエネルギーを受けなかったかというと、その5％の人口は、文明が発達しておらず、情報を受け取る手段がないため、新型コロナウィルスの存在を知らず、それを意識することがないからです。そうです、ウィルスを意識したとたんに、ホワイトホールからウィルスが出現するのです。ですから、新型コロナウィルスの存在を知ってしまった人間には、マスク装着も自粛も、全く必要ないし、意味がないということです。

いま、大宇宙意志の働きで菊理姫神、天照大御神のエネルギーが動いて、人類を次元上昇させています。

しかし、地球は全員が次元上昇する段階にはありません。

つまり、ふるい分けされないといけません。

この新型コロナ騒動から学んだ人、気づいた人は、次元上昇するわけです。

学べなかった人、気づけなかった人、さらに恐怖と不安、怒りで染まっている人は次元降下する。

最近、ＤＮＡリーディングにて、この比率を読んでみました。すると、次元上昇する人口が15％、次元降下が85％です。さあ、どちらに入りますか。

要するに、弥勒の世を迎えるのが15％で、85％はパラレルワールドにある、さらにもがく地球を体験する。

しかし、次元降下して、さらにもがくことで、気づきや学びを加速させようとすることは、決して悲しいことでも、悪でもなくて、魂が望むことです。

その本人の魂が、まだ今の地球では甘ったるいから、もっと大変な苦労をして、もがいて、自分は気づいたり学んだりする必要があるとわかって

コロナウィルスは
天照大御神のエネルギー。
コロナ騒動から学んで
次元上昇する確率は15%、
次元降下が85%、
あなたはどちらに入りますか!?

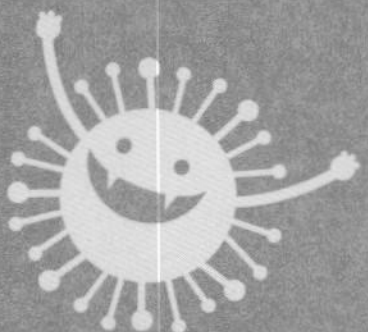

います。

そういうことを考えれば、新型コロナウィルスにかかって、不安や恐怖や怒りでもがいて、症状を持っている人、さらに死んでしまった人は、それは祝福なのです。

いいですか。メディアの人も、ここが大事ですよ。

芸能人が亡くなって、悲しみとか惨事だと思っているけれども、この宇宙にある生命は、自分の魂が選択したことしか体験しないのです。

だから、死ぬ、と設定し、死のうとしたわけです。

死ぬことでリセットできるわけです。

中途半端な地球をやるよりも、もう一度魂をリセットして、一から気づいたり学んだりする。

全て選択なのです。

ただ、15%の人は、さらにもがかない、楽で愉しい、私の言う「ぷあぷ※

あ」のパラレルの地球を選ぶことができるようになる。
地球を卒業する場合もあります。

※ぷあぷあ
ワクワクとは対照的に、対象や時間にとらわれることなく、いまここを〝楽で愉しく〟存在する状態

免疫を穏やかにして、ウィルスを受け入れる

まず、不安・恐怖を持っている人は、自分の体の周囲にウィルスが寄ってきたときに、ウィルスのエネルギーを下げて、ウィルスを個体化、物質化してしまいます。

逆に、いつも愛と感謝で、新型コロナウィルスは必然であって、自分を進化・成長させてくれるものだと受け入れられる人は、ウィルスをエネルギー体のまま受けるのです。

5G電磁波も同様に、不安や恐怖を生み出すものですが、不安や恐怖でなく、愛と感謝で受け入れることで、害を受けるのではなく、味方になります。

そこの違いが大きいのです。

不安・恐怖で受け取る人は、マスクをしたり閉じこもっている人です。

だから、私はそんなものをするなと言っていたのですが、三次元という低い次元で生きている人にはそれが通じません。

そういう人の体に入るときには、ウィルスが個体化してしまっているので、その後、粘膜から血液に入ります。

血液に入ったときに、マクロファージとか白血球が「ワーッ、敵が来たぞ」と、やっつけに行くわけです。

そのときにサイトカインとか炎症物質が出て、いろんな症状が起きたり、場合によっては、気管支炎や肺炎などで死んでしまう。

要するに、血液細胞の中に入ったときに、免疫細胞が慌てふためかなければ、穏やかに免疫細胞が「さあ、いらっしゃい。マイフレンド、ようこそ。仲よくしようね」と受け入れられたら、免疫細胞は始動しないわけで

まず、
不安・恐怖を持っている人は、
自分の体の周囲に
ウィルスが寄ってきたときに、
ウィルスを個体化、
物質化してしまうのです。

す。

これは誰も言っていないでしょう。

不安や恐怖という低いエネルギーでできた物質体のウィルスの体を用いてつくり出すものが、ワクチンです。ですから、低次元エネルギーでできるワクチンは、免疫細胞を狂暴化させて、その人間の神経細胞にダメージを与えます。そして余計な病気をつくり出してしまうのです。ワクチンは、人間のエネルギーを次元降下させるものなのです。

2020年になっても、免疫学者は20、30年前と同じようなことしか言っておらず、全然進化していません。

だから、私、ドクタードルフィンは、叩かれても、理解されなくても、言わざるを得ないのです。

これを知らないで、いつまでたっても免疫を強化するなどと言っていたら、ウィルスが入ってきたときに攻撃してしまうのです。暴走してしまう免疫は強くしたらダメなのです。
穏やかにする。
これが答えです。
免疫を強化したら、
余計なものを攻撃して、
症状を出して死んじゃう。
そんな基本もわかっていない
今の科学と医学は、
いかに次元が低いか。

のです。

免疫は強くしたらダメなのです。

穏やかにする。

これが答えです。

免疫を強化したら、余計なものを攻撃して、症状を出して死んじゃう。

そんな基本もわかっていない今の科学と医学は、いかに次元が低いか、ということです。

宇宙的に捉えると、ウィルスは私たちの先祖なのです！

これは、今の科学でもわかっていることですが、ウィルスは、実は生物ではないのです。

風邪はほとんどこのウィルスが原因です。

反対に炎症などを起こす細菌は、細胞壁に細胞膜を持っている細胞なので生物とみなされます。

ウィルスは細胞ではない。

細胞壁と細胞膜を持たないのです。

つまり、ＤＮＡもしくはＲＮＡと、蛋白質《たんぱくしつ》でできたシェル（殻）を持つだけです。

しかし、意識は持っているんですよ。

細菌でも、ウィルスでも、意識を持っている。

ここが大事です。

例えば人間同士はお友達、人間と動物はお友達だけれども、人間とウィルスがお友達とは誰も思っていないでしょう。

でも、意識を持っていたら、お友達にもなるし、敵にもなります。

そこが大事です。

エネルギー体の、または物質化したウィルスが、細胞に侵入して、エネルギー体ウィルスは目に見えない高次元DNAを、物質体ウィルスは、目に見える三次元DNAを書き換えるのです。

新型コロナウィルスはRNAウィルスといいます。

ウィルスには2種類あって、DNAからできているDNAウィルスと、RNAからできているレトロウィルスがあります。

ウィルスは、
実は生物ではないのです。
しかし、意識は持っている。
ここが大事です。
意識を持っているので、
お友達にも敵にもなるのです！

ＤＮＡウィルスのほうが多いのですが、エイズのウィルスもレトロウィルスです。

ＤＮＡ（デオキシリボ核酸）というのは、もともと遺伝情報が入った二重螺旋《らせん》の、Ａ、Ｃ、Ｇ、Ｔという塩基配列でできている構造です。

ＲＮＡはそれが転写されたもので、蛋白質をつくるもとになるものです。

そのＲＮＡは、それは一重で１本です。

どちらかというと、ＲＮＡのほうが原始的なのです。

宇宙の情報によると、もともとＲＮＡが先にできて、ＤＮＡができてきたようです。

また、ウィルスが最初に宇宙に誕生して、生命体がどんどん適応・進化してきて、最後に哺乳類《ほにゅうるい》ができたということです。

宇宙的に捉えると、ウィルスは先祖なんですよ。

こういう大事なことを誰も言っていない。

ウィルスが最初に宇宙に誕生して、
生命体がどんどん適応・進化して、
最後に私たち哺乳類ができた!

ＤＮＡウィルスにしても、ＲＮＡからなるレトロウィルスにしても、細胞に入るとどうなるかというと、細胞の中にはもちろん核があります。

核の中には、母親、父親から1本ずつ来たＤＮＡがあります。

そこに自分を組み込んで、新しい細胞をつくるのです。

つまり、遺伝情報を書き換えるということです。

ウィルスの役割は、宿主細胞（入り込む先の細胞）のＤＮＡを書き換えること、プラス、自分を増殖させることです。

その細胞の核の中で増殖して、ＤＮＡが書き換えられると、今までと異なる蛋白質ができて、細胞の受容体とか細胞の形態も変わるわけです。中には細胞が破裂して、細胞が死滅するものもあります。

このとき、不安と恐怖で受け入れた物質体ウィルスのＤＮＡやＲＮＡが細胞内の核にあるＤＮＡを書き換えて、細胞の形態が変わったときに、例えばリンパ球のＢ細胞から抗体が生産されて、その抗体が細胞を攻撃するわけです。

もしくはリンパ球のT細胞が攻撃する物質を放出して、その細胞をやっつける。

そのときに症状が出るのです。

とくにアナフィラキシーショックとか暴走免疫などと言われているものは、キラーT細胞といって、正常の細胞を守ろうとして、乗っ取られた細胞を過剰に攻撃することで、命取りになるような免疫反応です。

だから、免疫は強過ぎてはダメで、穏やかでなければいけません。

もしくは、ウィルスを愛と感謝で受け入れる必要があるのです。

そうすれば、細胞が形態変化しても、B細胞やT細胞といった免疫細胞がそれを攻撃することはないのです。

もう一度言いますよ。

ウィルスがあったおかげで、私たち人類はここまで進化してきたんですよ。

大もとの宇宙に細胞が何もなかった。

生物がいなかったときに、最初にウィルスが誕生した。

それが細胞壁を持って、初めての細胞ができた。

単細胞です。それが、複雑化して多細胞による生物が存在するのです。

ウィルスが私たちの先祖なんですよ。

ウィルスが細胞の中に侵入してＤＮＡを幾度となく書き換える。

歴史の中で数えきれない回数で細胞のＤＮＡが書き換えられて、適応する生物が今、残ってきたわけです。

地球人類よ、みずから新型コロナウィルスのシャワーを浴びて、DNAを書き換えてもらうのです!

話をもう一度もとに戻すと、新型コロナウィルスにかかった人、体にそれを受け入れた人は95%です。

95%がかかっているのに、何で家に閉じこもるの。

マスクをして何を防いでいるの。

私が前から言っているように、エネルギー体はマスクも何も全部通っちゃうんだから、既にみんなかかっているのです。

今回の講演会のカギとなる言葉を言いますよ。

ドクタードルフィンは、時々、宇宙の叡智が降りてきて名言を口にします。

95%がかかっているのに、
何で家に閉じこもるの?
マスクをして何を防いでいるの?
新型コロナウィルスは
エネルギー体だから
マスクも何も全部通っちゃう!

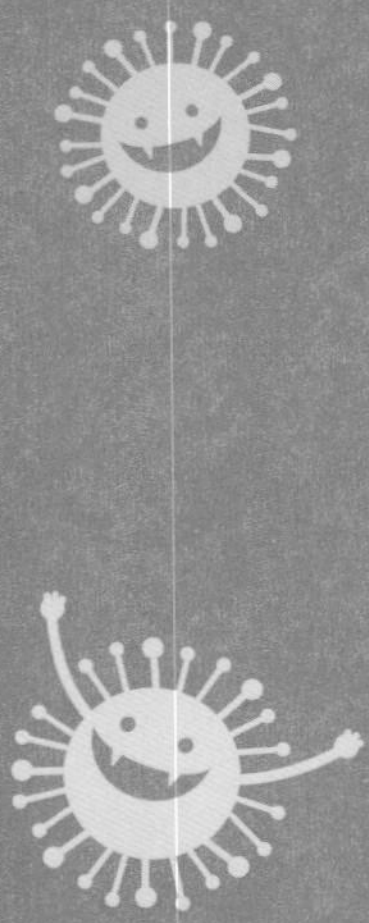

世の中をあっと言わせることを言うから、また大変ですが、言わざるを得ません。

地球人類よ、みずから新型コロナウィルスを浴びなさい。

これが私の言いたかったことです。ずっと言わずに数カ月我慢してきました。

みずから新型コロナウィルスのシャワーを浴びて、DNAを書き換えてもらいなさい。

そのときに大事なことは、不安・恐怖で「ワーッ、悪いものだ。ヤバイ!」と思って浴びてしまうと、病気になって死んでしまいます。

私、ドクタードルフィンが教えているように、「私たち人類を、この令和の段階でさらに進化させてくれて、予言されていたように、弥勒の世に次元上昇させてくれてありがとう」と愛と感謝で受け入れること。そうすれば、彼らはエネルギー体のまま目に見えない高次元DNAに入って、多少物質化しても、最終的に、より良く、生きやすい人間にDNAを書き換えてくれます。

もがきが少ない人間、楽で愉しい、ぷあぷあ度が高い、ぷある人間。

今、人類は不安・恐怖で、新型コロナウィルスを浴びてはまずい、病気になったら大変、死んでしまうという、学者やメディアがつくり出した幻想の世界で生きているから、彼らが悪さをするのです。

もがいて、症状を持って死ぬ人たちは、人生をリセットすることで、魂がさらに学ぶ必要があったということです。

私が言わないといけないことは、喜んで飛び出せ。

いつまで低次元の社会を生きようとするんだ。

低次元の情報に振り回されるな。

新型コロナをたくさん浴びても、あなたが「いらっしゃい。ようこそ。お友達になろう。私をすてきに書き換えてね」と穏やかに迎えれば、新型

今、人類は不安・恐怖で、
新型コロナウィルスを浴びてはまずい、

病気になったら大変、

死んでしまうという、
学者やメディアがつくり出した幻想の
世界で生きているから、

彼らが悪さをするのです。
私が言わないといけないことは、
喜んで飛び出せ。

いつまで低次元の社会を
生きようとするんだ。
低次元の情報に振り回されるな。

コロナウィルスが、あなたのDNAをあなたが望むように、書き換えてくれます。

レトロウィルスが人類を進化させる（亡くなる人は、亡くなりたい人です！）

世の中は、単純なものほど真実です。

地球社会の令和を迎えるまでの世の中は、複雑なものほど真実だという幻を生きてきました。

これからは、弥勒の世になって、単純なものほど真実だという時代に戻っていきます。

DNAよりRNAのほうが単純です。

人類は、超古代からウィルスの感染をたくさん受けてきています。

その都度、進化してきました。

もちろん多くの人は亡くなる。

亡くなる人は、亡くなりたい人です。

そこで亡くなって、もう一度仕切り直して、進化・成長をしたい人です。

でも、逆に、そのときに生き残っていた人が大きく進化して、眠っていた能力を開花させてきたから、これだけ文明が発達してきたのです。

文明の発展はウィルスのおかげと言ってもいい。

約２５００万年前に、人類の意識が大きく進化したときがありました。

それまでは人類はほとんどＤＮＡウィルスにかかっていたのです。

人類進化にかかわるウィルスの世界的伝播、パンデミックが起きた。

遺伝子を調べると、２５００万年前に初めてＲＮＡのレトロウィルスにかかったという遺伝情報が出てきました。

そのときに遺伝子が大きく進化したようです。

今回の新型コロナウィルスは、２５００万年前と同じＲＮＡタイプのレトロウィルスです。

今回の新型コロナウィルスは、
2500万年前と同じRNAタイプの
レトロウィルスです。
まさに人類を進化させるときが
今だということです。

まさに人類を進化させるときが今だということです。

免疫細胞が攻撃しない。

穏やかに細胞の中に受け入れて、自分が進化・成長するように、核の中でDNAを穏やかに書き換えてくれる状態を自分でつくり出すことが人類にとって重要だということが、今、私が最も伝えたいことです。

88次元からのラブレター（愛のエネルギーをあなたのDNAにつなげます！）

88次元の愛というと、対象がないし、自分以外へ向ける愛とか、自分以外から受ける愛という感覚もありません。

その存在そのもの、存在していることが大宇宙からいただいた愛である。愛であふれているから存在できるという感覚なのです。

そういった感覚は非常に重要になってきます。

これから新型コロナウィルスが人類の15％の人を進化させます。私の世界に触れる人は、間違いなく15％に入ってくると思います。

できればご家族とか大切な人たちも道連れにしたいですね。そういった場合は、無理に理解させようとしてはダメです。

これから新型コロナウィルスが
人類の15%の人を進化させます。
私の世界に触れる人は、
間違いなく15%に入ってくると
思います。

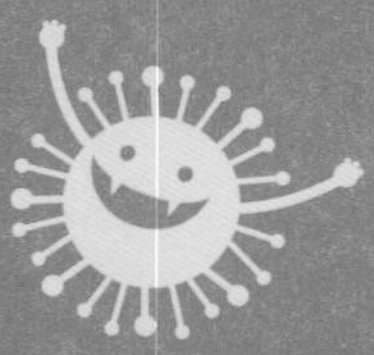

ただ、あなたが愛の発信源になればいいのです。

きょう、私が浴びせる88次元からのラブレターの愛のエネルギーをあなたのDNAに受け継いで、それをただ浴びせるだけで、周りはあなたと同じ次元に行けるようになります。

あなたと接する人が自然に、いつの間にか、あるべきときに変わっていきますから、無理に変える必要はありません。

インフルエンザとか、スペイン風邪とか、かつての世界的流行のウィルス感染を見ても、しかるべき人たちが症状を出して、しかるべき人たちが人生の幕引きをしました。

その中で、一部の人が生き残って、進化してきました。

今回の新型コロナウィルスには、3月15日に私が愛と調和のエネルギーを乗せてありますから、彼らを皆さんが愛と調和、わかりやすく言うと、愛と感謝で受け入れられれば、あなたは新型コロナウィルスにサポートさ

今回の新型コロナウィルスには、
3月15日に
私が愛と調和のエネルギーを
乗せてありますから。
あなたは新型コロナウィルスに
サポートされるわけです。
こういった観点は、今、
世の中で誰も言っていません。
絶対に普通の地球人が
ついてこられない次元です。

れるわけです。

こういった観点は、今、世の中で誰も言っていません。

絶対に普通の地球人がついてこられない次元です。

つまり、ウィルスも意識体です。

その意識は大宇宙の大もとの意識を受け継いで、それが途中の菊理姫神とか天照大御神のエネルギーの仲介を経て、悪役の人たちの仲介も経て、今の存在になっているわけです。

宇宙にある全ての生命の意識は、ウィルスも動植物も含めて、あなたの意識との交流を目的に存在しています。

今回は、「あなた」対「新型コロナウィルス」です。

あなたが新型コロナウィルスに愛と感謝を注げば、彼らもあなたに同じものを注ぎ返してきて、あなたをサポートします。

あなたが不安・恐怖・怒りを注げば、彼らはそれを一層起こさせる現象

「あなた」対
「新型コロナウィルス」です。
あなたが新型コロナウィルスに
愛と感謝を注げば、
彼らもあなたに同じものを
注ぎ返してきて、
あなたをサポートします。

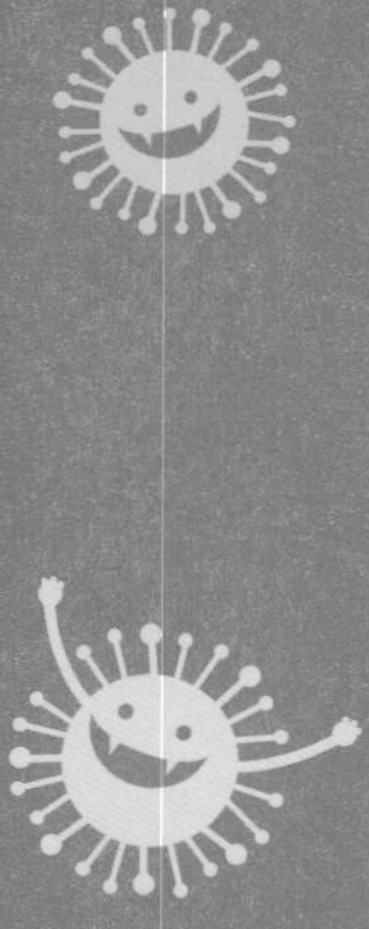

を起こしてくれるわけです。

もっと学ばないといけないから。

私がいつもたとえに出すのは、青森のりんご農家の木村秋則さんです。悩んで、悩んで、無農薬に失敗してバカにされて、やり尽くして、最後は木の枝で首をつって死のうとしたら、ひもが切れて下に落ちた。

その下にあったのが理想の土だったのです。

地球というところは、やり尽くさないと本当に学べないという大変なところです。

新型コロナウィルスはそれを知っているので、不安・恐怖とか怒りとか、乱れたエネルギーを持っている人に対しては、さらに「もっともがきなさい」とやるわけです。つまり、「意識」対「意識」です。

皆さんがやっているのは、「あなた」対「新型コロナウィルス」ではなくて、あなたという意識が埋没した、「地球の集合意識」対「新型コロナ

地球というところは、
やり尽くさないと本当に学べないという
大変なところです。
新型コロナウィルスはそれを知っている
ので、
不安・恐怖とか怒りとか、乱れたエネル
ギーを持っている人に対しては、さらに
「もっともがきなさい」とやるわけです。
つまり、「意識」対「意識」です。
皆さんがやっているのは、
「あなた」対「新型コロナウィルス」
ではなくて、
「地球の集合意識」対
「新型コロナウィルス」なんです。
そこには「あなた」がいません。

ウィルス」なんです。

そこには「あなた」がいません。

国やメディアが、ウィルスは怖い、と言うから、家でおとなしくしていろと言うから、マスクをしろと言うから、そのとおりにする。

何のためにマスクをしているのか。

電車の中や街では、みんなマスクをしている。

マスクをしていないと悪人みたいに見てくる、あの低次元の目つき。

あの人たちが私の講演会を聞くのはちょっと難しいかもしれないけれども、ああいう状態で不安・恐怖に凝り固まっているあの人たちは、もっと不安・恐怖を浴びる必要があるのです。

十分浴び切ると、もう浴びなくていいやとなる。

浴び方が、中途半端です。

そういう意味で言うと、政府とか、WHOとか、世界の組織がやってい

政府とか、WHOとか、
世界の組織が
やっていることは、
人類の進化を邪魔しています。
ウィルスを浴びればいいのです。
浴びれば、どちらにしても
進化させてくれます。

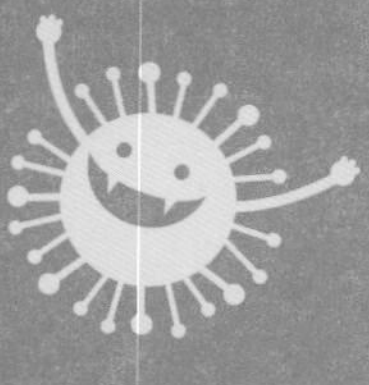

ることは、人類の進化を邪魔しています。

ウィルスを浴びればいいのです。

浴びれば、どちらにしても進化させてくれます。

次元上昇・次元降下とは、次元上昇がいいことで、次元降下が悪いことではありません。

次元をもう少し下げて基本に戻って、自分の魂意識エネルギーを学ばせたほうがいい人たちもいっぱいいます。だから、どちらにしてもそれは進化につながるわけです。

私は、この大転換期の私の75分のオンライン講演会、88次元からのラブレターの内容が、世界の人類と地球の意識を書き換えるきっかけになってほしい、と願っています。

ならないといけないのです。

魂が生まれたときの、
存在しているだけで完全で、完璧で、
愛がいっぱいという瞬間を、
もう一度取り戻したい。
それをサポートしてくれるのが、
今回の新型コロナウィルスの
役割です。
魂の望みをサポートしてくれる感染
を、どうして避けているの。
浴びたらいいじゃないか。

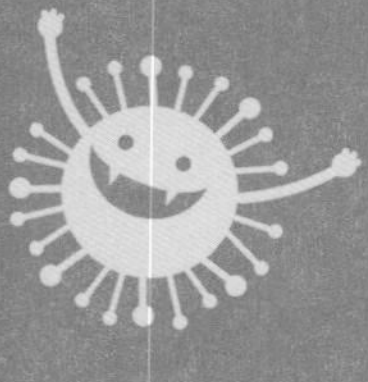

魂の存在意義
（次元上昇して、魂の故郷、大もとに戻りたい！）

あなたは、魂の存在意義を知っていますか。

大宇宙に存在している細胞を持たないウィルスも、生命ですから意識を持っています。

細胞を持っている人間、動物、植物、分子、原子も、全て意識を持っていて、何で宇宙に存在しているかという理由は一つしかありません。

それは次元上昇して、魂の故郷、大もとに戻りたいからです。

魂が生まれたときの、存在しているだけで完全で、完璧で、愛がいっぱいという瞬間を、もう一度取り戻したいからです。

これは脳ではありません。

魂が感じていることです。

皆さんの脳ではキャッチできていないことです。

それをサポートしてくれるのが、今回の新型コロナウィルスの役割です。

魂の望みをサポートしてくれる感染を、どうして避けているの。浴びたらいいじゃないか。

浴びることで、不安・恐怖をいっぱい持っている人はさらに不安・恐怖を持って、最終的には不安・恐怖を持たない人間に書き換えられていきます。

それは今生ではないかもしれない。

幕引きしてやり直す人もいるけれども、来生でそのようになっていくわけです。

もしくは、愛と感謝で受け入れられれば、そのまま次元上昇して、もっともがくことのない地球か、地球でない、もっと楽で愉しい星で生きる。

最終的には、ゼロポイントの生まれ故郷に戻っていくということです。

人間は今まで、食べないと生きていけない、寝ないと生きていけない、仕事をしないと生きていけない、お金をつくらないと生きていけないという、非常に低次元の枠でつくられたグリッド（枠組み）で生きてきたわけです。

それは悪いことではありません。

あなたの魂が、気づきや学びのために、それを求めて地球に来たわけだから、地球のグリッド（枠組み）はそうなるとわかっていて、この時代を生きてきたわけです。

私は、地球の最高神である大宇宙大和神《おおとのちおおかみ》のエネルギーを本流として、高次元の宇宙社会シリウスBの皇帝、ネオシリウスの女王、超古代地球の愛と調和のレムリア文明の女王をパラレル生・過去生に持ち、出口王仁三郎《でぐちおにさぶろう》のパラレル過去生も、イエス・キリストのパラレル生・過去生も、卑弥呼

出口王仁三郎、
イエス・キリスト、
卑弥呼の
パラレル生・過去生も
全て持っている私が
確実に言えることは、
弥勒の世の世直しが
3月15日に始まった
ということです!

のパラレル生・過去生も全て持っていますから、完全に確実に言えることは、彼らが予言した弥勒の世の世直しがこの3月15日に始まったということです。

ということは、今、世の中で起きることは、善悪を判断せずに、全てそのまま受け入れたらいいということです。

弥勒の世になると
経済もガラッと変わります。
ビジネスがダメになる人は
かわいそうに見えるけれども、
彼らはビジネスを一旦
シャットダウンして、
やり直すことで学ぶと決めている
魂ばかりです。

物質化がどんどん薄らいで、炭素構造から珪素構造へエネルギー化していく！

私が教える学びをしっかりやっていただければ、これから次元上昇していきます。

皆さんの体は炭素でできています。

蛋白質、脂肪、糖という炭素骨格です。

この物質エネルギーがどんどん薄らいでいって、非物質化していきます。

そして、炭素構造から珪素《けいそ》構造になっていきます。

クリスタル化、水晶化し、環境の変化に非常に強い人間になっていきます。

こんな炭素構造だから、食べないといけないし、寝ないといけないし、

世の中で本当に最低という
レッテルが貼られる人間、
ダメと思い込んでいる人間ほど、
実はすごい可能性を秘めて、
この地球に生まれてきています。

いろいろ大変なわけです。

非物質化していくと、人間は、こんなに食べなくてもいいんだとか、こんなに寝なくていいんだということになる。

お金もそうです。

弥勒の世になると経済もガラッと変わります。

ビジネスがダメになる人はかわいそうに見えるけれども、彼らはビジネスを一旦シャットダウンして、やり直すことで学ぶと決めている魂ばかりです。

だから、あの人たちはそのままでいいのです。

つまり、私が言いたいのは、食べるにしても、寝るにしても、仕事をするにしても、住むところを確保するにしても、うまくいっている人は、それでいいけれども、うまくいかなかったとしても、それもいいじゃないか。

食べるものがなかったら、あした死んじゃうかもしれないけれども、死

イルミナティ、フリーメイソン、
ロスチャイルドが許可した
ということは、
人間は
今までどおり生きなくても
よくなっていきます。

なないかもしれない。

それでいいじゃないか。

自分を愛して穏やかに生きれば、人間は生きるのです。

「ワー」となってトイレットペーパーやマスクを買い占めるから、ダメになってしまう。

食べなくてもよくなっていきます。

寝なくてもよくなっていきます。

仕事をしなくてもいい時代になっていきます。

お金の価値がどんどん変わっていく。

これは以前から予言されていることですが、これからは、物や見せかけのもの、サービスに、お金をかける時代は終わっていきます。

つまり、あなたの存在エネルギー、意識エネルギー、生命エネルギーを次元上昇させる能力が高いほど、今までお金に置いていた価値があなたに

生きるために仕事をする時代は
終わります。
楽しむために仕事をする時代が
やってきます。
逆に言うと、
生きるためにする仕事は
宇宙のサポートを
得られなくなるので、
どんどん衰えていきます。

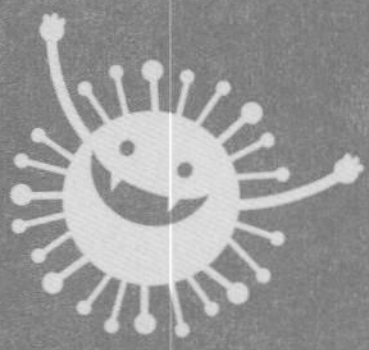

乗ります。

あなたは、あなたしか持っていないものを伸ばしていく時代になります。

今まで、皆が持っているから私も持つという教育でやらされていた偽りの幻の世界は卒業する。

あなたは地球に入ってくるときに、あなたにしかできないこと、あなたにしか持っていないものをわかっていたのです。

でも、それを最初からわかって地球人をやっていたら、何も気づいたり学んだりできないので、あなたしか持っていないエネルギーの記憶を、この世にオギャーと生まれたときに、完全に消去させることを、エネルギーグリッド（枠組み）で組んできたわけです。

だから、今、私の講演を聞いてくれている皆さん、あなたは価値がない、あなたはどうしようもない人間、あなたはいてもいなくても同じとか、そんな寂しい考えは一切持たないでください。

今、世の中で本当に最低というレッテルが貼られる人間がいたとします。そういう人間ほど、実はその人間にしかできないエネルギーを秘めています。

ダメと思い込んでいる人間ほど、実はすごい可能性を秘めて、この地球に生まれてきています。

この宇宙には、悪役やダメ役はいるけれども、悪者や愚か者はいません。覚えておいてね。

それを知らないから、世の中、戦争が起きたり、争いばかりになる。

悪者や愚か者は一切いません。

全部、人間を進化させるための役割です。

今まで人類を同じような思考のもとに置いてきたのが、世界をコントロールしてきた、一部の勢力です。

それはイルミナティであったり、フリーメイソンであったり、金融系を牛耳ってきたロスチャイルドです。

しかし、彼らは最近、意識変換して、組織としては、愛と調和のエネルギーを持ってきているのです。

それは、最近、会食してお話しをしたＭｒ．都市伝説の関さんも言っています。

一部の人には、いまだに自分たちが牛耳るという意識が強かったので、ここ数カ月で、私が彼らの集合意識にアクセスしました。

今生きている彼らの組織、プラス、過去に亡くなった人のエネルギー体、魂的な集合意識にアクセスして、人類、地球がいよいよ宇宙の叡智とつながるように、彼らに許可を求めました。

そして、私、ドクタードルフィンのエネルギーの書き換えにより、３つの組織全部が許可をしました。

今までは、その許可をとろうとすると、その場で抹殺されました。

量子力学的にその場で心臓麻痺《まひ》が起きたり、暗殺されたりした。

私は幸い、宇宙のご加護のもとで、生き延びています。

イルミナティ、フリーメイソン、ロスチャイルドが許可したということは、人間は今までどおり生きなくてもよくなっていきます。つまり、社会とか、福祉とか、そういうもののサポートを受けなくても大丈夫になる。

だから、今、給付金が必要？　企業がダメだから金を出す？　今でも生き延びる企業は生き延びるし、ダメな企業はダメなのです。

ダメな企業は同じことをやっているからダメなんです。

私がいつも言っているように、エネルギーを変えないとダメ。

自分のエネルギーを上げないと、これから新しい世の中ではふるい分けされますよ、いい世界で生きられないですよと言っているのに、私の言っていることを学ばない。

だから、そういう目に遭《あ》うわけです。

それをまた政府が助けるからよくない。

私は厳しいことを言いますよ。

私は88次元からの視点で知っているから、私しか言えない。

そのまま放っておけばいいんです。

それで成り立つもの、ダメになっていくもの。

それでそれぞれの自分に目覚めてくるのです。

政府がお金なんか出して中途半端に助けるから、よくない。

生きるために仕事をする時代は終わります。

楽しむために仕事をする時代がやってきます。

逆に言うと、生きるためにする仕事は宇宙のサポートを得られなくなるので、どんどん衰えていきます。

成り立たなくなる。

社会で伸びなくなります。

今まで社会でうまくいってきた大企業、中小企業も、うまくいかなくなります。

先ほども述べましたが、つまり、物とか、見せかけとか、サービスを提供する時代ではなくて、高いエネルギーを提供する時代になるのです。

皆さんの魂の意識エネルギーを上げるものを提供する仕事がどんどん伸びていきます。

皆さん、魂意識のエネルギーを上げることをよく覚えておいてください。ものすごく愉しくて、ものすごく楽な感覚をつくるものが、新しい時代で評価されます。

今まで地球社会で行われてきたのは、体の細胞のエネルギーを喜ばせること、脳で発せられる心の感情のエネルギーを喜ばせることだけでした。

でも、体の細胞にも脳にもない魂のエネルギーは、宇宙から松果体に入って人間に作用するのですが、そのエネルギーは、今までの地球社会から提供されるものでは喜んでいなかった。

魂が求めることは、楽で愉しい状態で、あなたの生命エネルギー、次元エネルギーを上げることとです。

だから、あなたはあらゆることを犠牲にしてでも、あなたの魂エネルギーを上げることを提供してくれるものに自分をどんどん向けていかないとダメです。

最終的には、それであなたが救われます。

宇宙の再編成（ステラ・リコンストラクション）を成し遂げたのです！

ここでズバリ言ってしまうと、私のエネルギー開きにより、霊性邪馬台国が出て、日本が世界のリーダーになりました。

世界のリーダー、地球のリーダー、そして宇宙のリーダーになる時代を迎えたのです。

そのために、もちろん先ほどのイルミナティ、フリーメイソン、ロスチャイルドもそうですが、私が天皇陛下のＤＮＡエネルギーにアクセスさせていただいて、サポートさせていただいています。

皇后・雅子さまもしかりです。

それ以上にやっているのは、神のエネルギーをはじめとする、高次元のエネルギーを書き換えています。

さらに言えば、宇宙組織、宇宙の星の社会、プレアデス、シリウス、アルクトゥルス、アンドロメダ、リラ、彼らのエネルギーを私が全て書き換えています。

宇宙の星の社会のエネルギーを書き換える私ですから、地球のエネルギーを書き換えるのは簡単です。

だから、地球は私の言っているとおりになっていきます。

覚えておいてください。

私はシリウスのエネルギーを強く持っています。

今までシリウスはA、Bがあって、もっと細かく言うとC、D、Eまであったのです。

シリウスAは物質エネルギー、豊かさのエネルギーで、シリウスBは霊性、精神的なエネルギーでした。

シリウスは
霊性の愛と調和のエネルギーを
持っています。
それが仲よくプレアデスの
エネルギーと融合しました。
それによってアルクトゥルスが
サポートするようになったのです。
これがすごく大きいのです。

私は、同時に持っているパラレル生でもあるのですが、わかりやすくするために過去生として言うと、シリウスBの皇帝（エンペラー）をやっていました。

ただ、シリウスがA、B、C、D、Eと分離していて、本来のシリウスのよさが完全に発揮されていなかったので、A、B、C、D、Eを全部一つに融合させたのも私です。

去年の秋分の日にギザのピラミッドを開いたときに、それをしました。（『ピラミッド 封印解除・超覚醒（青林堂）』）

一つになったネオシリウスで、私は今、女王（クイーン）のエネルギーを持っています。

今までシリウスとプレアデスはあまり仲がよくなかったのです。

それがネオシリウスになったことで、今、仲よくなりました。

平和的に壊して創るエネルギー、テクノロジーとか知識があるのがプレ

アトランティス優位から
レムリア優位に一気に完全に
書き換えました。
日本の大分県宇佐で埋もれていた
レムリアエネルギーを
霊性邪馬台国として
私が誕生させたことによって、
地球の集合意識が
レムリア主体を受け入れました。

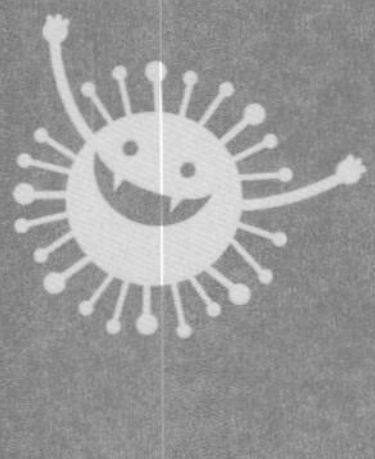

アデスなのです。

シリウスは霊性の愛と調和のエネルギーを持っています。

それらがプレアデスのエネルギーと仲よく融合しました。

それによってアルクトゥルスがサポートするようになったのです。

今までシリウスはアルクトゥルスの直接のサポートを得られていなかったのですが、それを得られるようになりました。これがすごく大きいのです。


地球は、超古代のレムリア時代に、まずシリウスのエネルギーが降りて愛と調和の世界が始まりました。

その前にもあったのですが、メジャーなところで言うと、霊性のレムリアはシリウスのエネルギーを受けて愛と調和で始まって、物性のレムリアになって、私はレムリアの女王として最期を迎えました。

その次にアトランティスになっていく。

「宇宙の再編成（ステラ・リコンストラクション）」と名づけました。

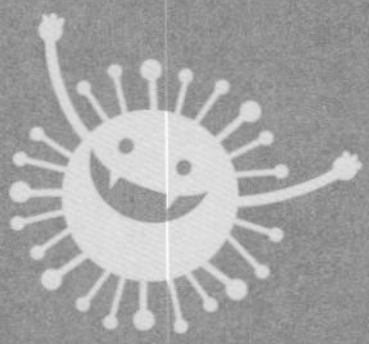

レムリアの愛と調和から、アトランティスの個を抹殺して集合意識を大事にする、無理やり統合する時代、知識（インテリジェンス）と技術（テクノロジー）の時代に入りました。

それで女性性が抹殺されて、男性性優位になったのです。

それがダメだということで、また縄文時代に、愛と調和の世界として個と女性性優位のエネルギーが復活したのですが、その後、また侵略や戦争など、いろいろあって、いまだにアトランティスの文明がずっと続いています。

天皇家もアトランティスのエネルギーを受けているので、戦争を避けられなかったのです。

でも、今年の3月15日で、私のエネルギー開きにより、アトランティス優位からレムリア優位に一気に完全に書き換えました。

ついに実現しました。

霊性邪馬台国として、日本が生まれ変わるしかなかったのです。

日本の大分県宇佐で埋もれていたレムリアエネルギーを、霊性邪馬台国として私が誕生させたことによって、地球の集合意識がレムリア主体を受け入れました。

アトランティスはプレアデス系です。

レムリアはシリウス系です。

さっき言ったように、プレアデスのエネルギーとシリウスのエネルギーが融合したので、地球においてもアトランティスのエネルギーとレムリアのエネルギーが融合することが受け入れられたということです。

人類と地球を書き換えようとするなら、まずは高次元存在と宇宙を書き換えないとダメなのです。

でも、それをできる人間が今までいなかった。

そこそこの次元ではダメなのです。

今スピリチュアルをリードしている人も、私の次元には全くついてこれないと思います。

だから、この前のメディア報道で出た新型コロナウィルスに対する私の発信に、一般の人がついてこれないのは当たり前です。

地球のエネルギーを書き換えるにあたり、このように宇宙のエネルギーを書き換えることを、私は、「宇宙の再編成（ステラ・リコンストラクション）」と名づけました。

また近いうちに、このことを本にしますが、私は宇宙の社会の組織を全部書き換えています。

ステラ・リコンストラクションを行ったことで、宇宙自体もシリウス優勢のエネルギーになってきています。それが地球にも波及して、今、レムリア優勢のエネルギーを迎えようとしているのです。

あなたという1つのピースの存在が大きな仕事になる（何もしなくていい、存在しているだけでいい）

もう時間が少なくなってきました。

きょうは、ずっとしゃべり続けています。

こんなことは珍しいですね。

いつも「イエーイ」と腰を振ったり、投げキスをしたりする時間が長いのですが、きょうは魂の言葉、88次元の言霊《ことだま》で勝負するつもりでした。

私はこのタイミングにこういった講演会をさせていただけることは、まさに宇宙からの大きなギフト、祝福だ、と私は受けとめています。

私は、前生を本当に何世代もやって、今生の地球が最後です。

今生も、子どものころからもがいてきましたが、ようやく自分の生き方、やるべきことを見出して、今、動いています。

さっき言ったように、これからの弥勒の世、新しい地球では、エネルギーが価値になりますから、私のイベントの参加費がちょっと高いのは当然なんです。

逆に言うと、エネルギーの高いものに価値を置かないと、お金を乗せないと、エネルギーが下がってしまいます。

だから、私のイベントは高いということを皆さんに知っておいていただきたいのです。

ただ、参加する人も、やるほうも、そこでどれだけ本気かを宇宙に示すということもあります。

これからはエネルギーの時代になります。

私は今、日々エネルギーを上げていて、きょうの私のレベルはきのうの私ではありません。

これからの弥勒の世、
新しい地球では、
エネルギーが価値になりますから、
私のイベントの参加費が
ちょっと高いのは当然なんです。
お金を乗せないと、
エネルギーが下がってしまいます。

まさにそれぐらいエネルギーが急上昇しているときに、昭恵さん絡みで「文春砲」、「FRIDAY砲」を立て続けに食らいました。

昭恵さんも必然的なお役割だったと思います。

これは、私が自分を見つめ直す貴重な機会になったのです。

果たして私は今の地球で最後の仕事をどうやり遂げるべきか。

今までの自分でよかったのだろうか。

私は「今ここ」を生きているだけなので、後悔とか罪悪感はあまり持ちません。

昔はそういうことがありましたが、今はない。

でも、この騒動のおかげで、魂を振り返ることができ、私がやるべきこと、発信していくべきことが、より明確になり、それを私の魂に刻み込まれました。

家族には理解されずに、一番苦しみました。

あなたがあなたでよかった、
あなた以外ではダメだった、
あなたしかなかったということを
思い出すために、
あなたは今、活動するのです。
仕事をするのです。
生活をするのです。
息をするのです。

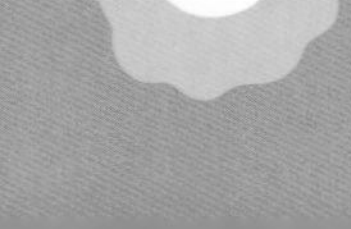

妻や子どもにも迷惑をかけて、かわいそうなことをしたけれども、それも必然的なことであって、地球とはそういうところなのです。

だから、地球で本当に自分のエネルギーに気づいていくのは大変なことなんです。

私でさえそうなんだから、どんな人間にだってそうなんです。

ただ、私が本当に皆さんに知ってほしいことは、今までの地球社会では、「自分なんて」とかいうように、自分に価値を置いてこられなかったのです。

周りと同じコマみたいになっていた。

しかし、この地球が最高に輝き、愛と調和の弥勒の世になるためには、あなたという1つのピースが欠けてはダメだということだけは知っておいてもらいたい。

あなたという1つのピースが、あなたしかできない仕事をする。

あなたしか持てないエネルギーを発信する。

何もしなくていい。存在しているだけでいい。

自分自身に愛情を100%降り注いだあなたが存在しているだけで、宇宙的、地球的に大きな仕事になります。

お金の心配とか、健康の心配とか、将来いろんなことが心配だと思っている人も、あなたは自分で地球に来た、なぜなら、地球であなたのエネルギーを持っているのは、あなたしかいないからということさえ気づけば、どんな心配も、どんな憂いも全てうまく解決されます。

あなたは生きるために仕事をするのではないんです。

食べるために仕事をするのではない。

生きるために家庭を築くのではない。

家族のために家族を養うのではない。

あなたがあなたであるために、あなたが愛と喜びで、奇跡で包まれる存在になるように、あなたがあなたでよかった、あなた以外ではダメだった、あなたしかなかったということを思い出すために、あなたは今、活動するのです。

仕事をするのです。

生活をするのです。

息をするのです。

きょうの発信は、まだ誰も言ったことがないことがたくさん入りました。

この講演を聞いた人（この本を読んだ人）は、間違いなく新しい宇宙に受け入れられた人です。

あなたは、準備ができた、ドクタードルフィンの話を聞く（本を読む）ときだよ、聞いて（読んで）いいよと宇宙に受け入れられて、この話を聞いて（読んで）いる人です。

新型コロナウィルスをはじめ、世の中に起こっている今まで負としてきたこと、悪としてきたことを含めて、世の中に、ネガティブなことは一切存在しません。

全ての役割を愛と感謝で受け入れて、皆さんが愛と感謝の発信灯になって、新しい地球と宇宙を照らしていただけたら、私、ドクタードルフィンは、最後の地球の今生を生きている大きな喜びで、本当にうれしい限りでございます。

ちょうど時間になりました。

きょうは、聞いているだけ（読んでいるだけ）、その場にいるだけで、皆さんのDNAは大喜び。

まさに愛と感謝で書き換えられました。

88次元のエネルギーだから、きょうはフラフラするかもしれない。

眠れないかもしれない。

ちょっと変だねと言われるかもしれない。

どうぞそのままで何も変えることなく、自信を持って、誇らしげに、笑顔で、楽で愉しく地球で生きていってください。

きょうはありがとうございました。（拍手）

（了）

88次元 Fa-A ドクタードルフィン 松久 正

鎌倉ドクタードルフィン診療所院長。日本整形外科学会認定整形外科専門医、日本医師会認定健康スポーツ医、米国公認ドクター オブ カイロプラクティック。慶應義塾大学医学部卒業、米国パーマーカイロプラクティック大学卒業。「地球社会の奇跡はドクタードルフィンの常識」の“ミラクルプロデューサー”。神と宇宙存在を超越し、地球で最も次元の高い存在として、神と高次元存在そして人類と地球の覚醒を担い、社会と医学を次元上昇させる。超高次元エネルギーのサポートを受け、人類をはじめとする地球生命の松果体を覚醒することにより、人類と地球のDNAを書き換える。超次元・超時空間松果体覚醒医学の対面診療には、全国各地・海外からの新規患者予約が数年待ち。世界初の遠隔医学診療を世に発信する。セミナー・講演会、ツアー、スクール（学園、塾）開催、ラジオ、ブログ、メルマガ、動画で活躍中。ドクタードルフィン公式メールマガジン（無料）配信中（HPで登録)、プレミアム動画サロン ドクタードルフィンDiamond倶楽部（有料メンバー制）は随時入会受付中。
多数の著書があり、最新刊は『卑弥呼と天照大御神の復活 世界リーダー・霊性邪馬台国誕生への大分・宇佐の奇跡（青林堂)』『龍・鳳凰と人類覚醒　荒れ狂う世界の救済 ベトナム・ハロン湾（降龍)／タンロン遺跡（昇龍）の奇跡（ヒカルランド)』『霊性琉球の神聖誕生　日本を世界のリーダーにする奇跡（ヒカルランド)』『宇宙人のワタシと地球人のわたし（明窓出版)』『神医学（青林堂)』『シリウスランゲージ（ヒカルランド)』『ウィルスの愛と人類の進化（ヒカルランド)』、他に、『宇宙の優等生になりたいなら、アウトローの地球人におなりなさい！（ヴォイス)』『宇宙からの覚醒爆弾「炎上チルドレン」（ヒカルランド)』『ピラミッド封印解除・超覚醒 明かされる秘密（青林堂)』『菊理姫（ククリヒメ）神降臨なり（ヒカルランド)』『令和のDNA 0＝∞医学（ヒカルランド)』『死と病気は芸術だ！（ヴォイス)』『神ドクター Doctor of God（青林堂)』『かほなちゃんは、宇宙が選んだ地球の先生（ヒカルランド)』『いのちのヌード（ヴォイス)』『UFOエネルギーとNEOチルドレンと高次元存在が教える地球では誰も知らないこと（明窓出版)』『幸せＤＮＡをオンにするには潜在意識を眠らせなさい（明窓出版)』『シリウス旅行記（ヴォイス)』『ペットと動物のココロが望む世界を創る方法（ヒカルランド)』『多次元パラレル自分宇宙（徳間書店)』『ドクタードルフィンの高次元DNAコード（ヒカルランド)』『松果体革命パワーブック（ナチュラルスピリット)』『シリウスがもう止まらない（ヒカルランド)』『これでいいのだ！ヘンタイでいいのだ！（ヴォイス)』『からまった心と体のほどきかた 古い自分を解き放ち、ほんとうの自分を取りもどす（PHP研究所)』『松果体革命 松果体を覚醒させ超人類になる！（ナチュラルスピリット)』（2018年度出版社No.1ベストセラー)、『ドクター・ドルフィンのシリウス超医学（ヒカルランド)』『あなたの宇宙人バイブレーションが覚醒します！（徳間書店)』『ワクワクからぷあぷあへ（ライトワーカー)』『水晶（珪素）化する地球人の秘密（ヒカルランド)』『Dr.ドルフィンの地球人革命（ナチュラルスピリット)』『「首の後ろを押す」と病気が治る（マキノ出版)』は健康本ベストセラーとなっており、『「首の後ろを押す」と病気が勝手に治りだす（マキノ出版)』はその最新版となる。『「首のうしろを押す」だけで健康になる（王様文庫)』今後も続々と新刊本を出版予定！ 世界で今、最も影響力のある存在である。

ドクタードルフィン 松久正公式サイト https://drdolphin.jp

地球人類よ、新型コロナウィルスを浴びなさい！

第一刷　2020年7月31日

著者　松久　正

発行人　石井健資
発行所　株式会社ヒカルランド
〒162-0821　東京都新宿区津久戸町3-11　TH1ビル6F
電話　03-6265-0852　ファックス　03-6265-0853
http://www.hikaruland.co.jp　info@hikaruland.co.jp
振替　00180-8-496587

本文・カバー・製本　中央精版印刷株式会社
DTP　株式会社キャップス
編集担当　高島敏子／溝口立太

ISBN978-4-86471-912-4

毎回アンドロメダ直系の
無限大のエネルギーをあなたに注入します！

このスクールには
ドクタードルフィンの生まれ変わりの一人である
菅原道真のサポートも入っています

【講師】
ドクタードルフィン校長

【日時】
第１回　2020年７月18日（土）　11:00～12:00
第２回　2020年８月29日（土）　11:00～12:00
第３回　2020年10月17日（土）　11:00～12:00

【会場】
都内某所
※お申込み完了された方に３日前までに直接メールでご案内いたします

【料金】
オンライン参加コース（ZOOM 配信）：**36,900円**（プラス後日、10日間の視聴可能）
スタジオ特別参加コース：**96,300円**（限定11名さま）

※スタジオ特別参加コースにお申込みいただくと、講座終了後、ドクタードルフィン校長があなたに必要な宇宙からの高次元 DNA コードを注入してくれます！

【宇宙からの要請あり！】
ドクタードルフィン校長（88次元 Fa-A）の
オンライン学校講座【みろくスクール】
ついに開講します！

みろくスクールは
高次元宇宙のサポートのもと運営されるものです

ドクタードルフィンが
宇宙社会構成を書き換えたことによって
別の銀河であるアンドロメダからのサポートが
地球に入るようになったことで
このカリキュラムが可能になりました

書き換えたシリウスである
ネオシリウスからのサポートも入ります
あなたの魂の生まれ故郷から講師がやって来る！
そう思っていいのです！

みろくスクールの理念
それは
「脳を眠らせて　魂を喜ばせる」
このことに尽きます
魂エネルギーの次元を上げるスクールです

お子様からお年寄りまで入学制限なし
三次元スクールに飽き足らなくなった人
全ての人に入学の資格が与えられています

魂を喜ばせ
魂エネルギーを次元上昇させることを目的に
設立されたスクールです

（左）BOXセット（中）原画（右）ジークレー版画

※ジークレー版画の写真は額装付きのものですが、実際の商品には額装は付きません

プレミアム販売その②　ジークレー版画

最新技術で拡大印刷した「ジークレー版画」※1は存在感抜群！
さらにドクタードルフィンがあなたのために、個別にエネルギーをアクティベート！
まさに、あなただけの超パワーアートの誕生です。

※1　ジークレーとは、フランス語で「インクを吹き付けて色をつける」という意味で、高性能スキャンした原画データを使いミクロ粒子のインクをジェット噴射する為、微妙な発色や精密さ、色調の幅ともに従来の複製技法の限界を凌駕している最新技法。

【ジークレー版画】
●サイズ：33㎝×33㎝（額装はつきません）
●キャンバス地
●ドクタードルフィンによる個別エネルギーアクティベート付き
●販売価格：１枚 38,000円＋税

★詳細 & 購入は★
ヒカルランドパーク HP まで　http://hikarulandpark.jp/

『シリウスランゲージ』原画＆ジークレー版画
プレミアム販売!

ドクタードルフィンによる
解説＆原画へのエネルギーアクティベート
スペシャル動画をチェック！

プレミアム販売その①　超貴重な原画

原画の繊細なタッチで描かれた曼荼羅アートの美しさ、放出されるエネルギーは圧倒的！　すべて１点ものの「原画」を特別販売いたします。

【原画（額装付き）】
●サイズ：原画 16.8㎝×16.8㎝
（額装後　25㎝×25㎝）
●ドクタードルフィンによるエネルギーアクティベート完了
●値段：作品ごとに、ヒカルランドパーク HP にてご確認ください
●各作品につき、１点のみ　※売り切れの場合はご了承ください

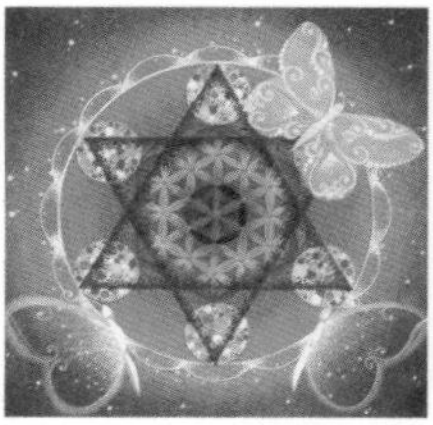
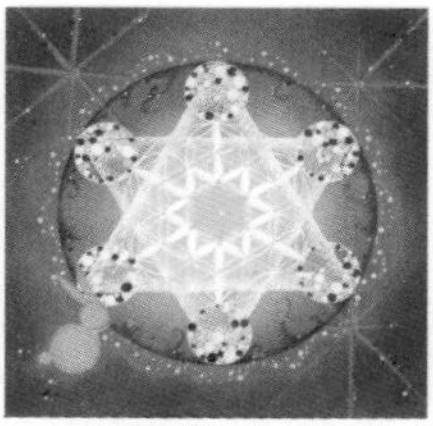
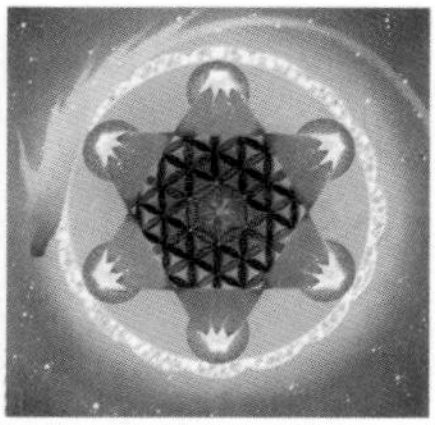
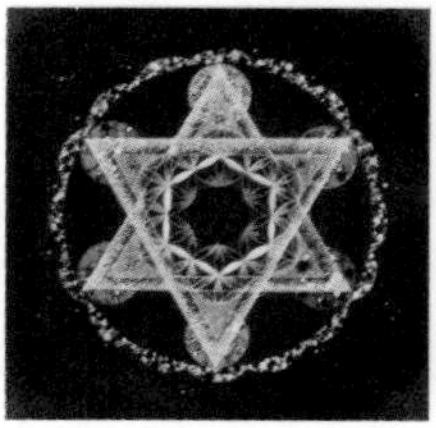
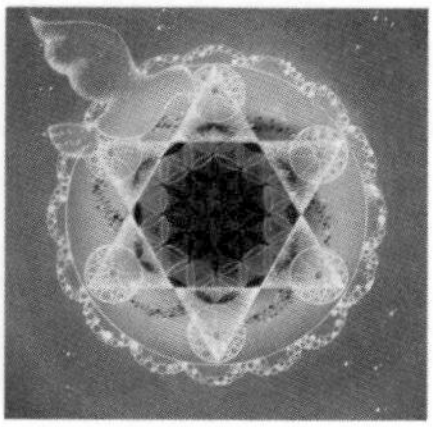

voicy

愛すべきズッコケキャラ☆
株式会社ヒカルランド 代表取乱役
石井健資 社長

謎のインスタストーリーズ芸人！
クリエーター／パーソナルトレーナー
神社インフルエンサー
Yuki Yagi

八ヶ岳 えほん村館長
絵本作家だけど、本業は魔女 !?
majoさん

宇宙とつながる光の柱
「あわのうた」の美しい伝道師
SUMIKO! さん

愛に満ちた宇宙のしずく
ヒカルランドみらくるのキュートな妖精
みらくるちゃん

最終回のテーマは愛
すべてを溶かし溢れ出す愛のエネルギーを体感！

シリウス超医学出版記念
☆セミナー《第3回　愛と感情》
■12,222円（税込）

●出演：∞ ishi ドクタードルフィン
　　　　松久 正
●収録内容：魂の本質からの「愛」とは何かがわかるトークタイム／涙が自然と止まらない瞑想タイム／松果体のポータルが開いて、大宇宙の叡智が降り注ぐ感動のエンディング
●レンタル禁止、複製不能

∞ ishi ドクタードルフィン
松久 正 先生

慶應義塾大学医学部卒。整形外科医として現代医学に従事した後、米国で自然医学を習得。帰国後、鎌倉ドクタードルフィン診療所を開業。国内外より患者を集め、新規予約は数年待ち。現代医学・自然医学に量子科学、スピリチュアルなどを融合した新しい医学を創造している。

高次元 DNA コード
■1,815円（税別）

シリウス超医学
■1,815円（税別）

ヒカルランドパーク取扱い商品に関するお問い合わせ等は
電話：03−5225−2671（平日10時−17時）
メール：info@hikarulandpark.jp　URL：http://www.hikaruland.co.jp/

＊ご案内の価格、その他情報は発行日時点のものとなります。

も効果的とは言えません。また、珪素には他の栄養素の吸収を助け、必要とする各組織に運ぶ役割もあります。そこで開発元では、珪素と一緒に配合するものは何がよいか、その配合率はどれくらいがよいかを追求し、珪素の特長を最大限に引き出す配合を実現。また、健康被害が懸念される添加物は一切使用しない、珪素の原料も安全性をクリアしたものを使うなど、消費者のことを考えた開発を志しています。

手軽に使える液体タイプ、必須栄養素をバランスよく摂れる錠剤タイプ、さらに珪素を使ったお肌に優しいクリームまで、用途にあわせて選べます。

◎ドクタードルフィン先生一押しはコレ！　便利な水溶性珪素「レクステラ」

天然の水晶から抽出された濃縮溶液でドクタードルフィン先生も一番のオススメです。水晶を飲むの？　安全なの？　と思われる方もご安心を。「レクステラ」は水に完全に溶解した状態（アモルファス化）の珪素ですから、体内に石が蓄積するようなことはありません。この水溶性の珪素は、釘を入れても錆びず、油に注ぐと混ざるなど、目に見える実験で珪素の特長がよくわかります。そして、何より使い勝手がよく、あらゆる方法で珪素を摂ることができるのが嬉しい！　いろいろ試しながら珪素のチカラをご体感いただけます。

レクステラ（水溶性珪素）
■ 500mℓ　21,600円（税込）

●使用目安：1日あたり4〜16mℓ

飲みものに
・コーヒー、ジュース、お酒などに10〜20滴添加。アルカリ性に近くなり身体にやさしくなります。お酒に入れれば、翌朝スッキリ！

食べものに
・ラーメン、味噌汁、ご飯ものなどにワンプッシュ。

料理に
・ボールに1リットルあたり20〜30滴入れてつけると洗浄効果が。
・調理の際に入れれば素材の味が引き立ち美味しく変化。
・お米を研ぐときに、20〜30滴入れて洗ったり、炊飯時にもワンプッシュ。
・ペットの飲み水や、えさにも5〜10滴。(ペットの体重により、調節してください)

【お問い合わせ先】ヒカルランドパーク

＊ご案内の価格、その他情報は発行日時点のものとなります。

ドクタードルフィン先生も太鼓判！
生命維持に必要不可欠な珪素を効率的・安全に補給

◎珪素は人間の健康・美容に必須の自然元素

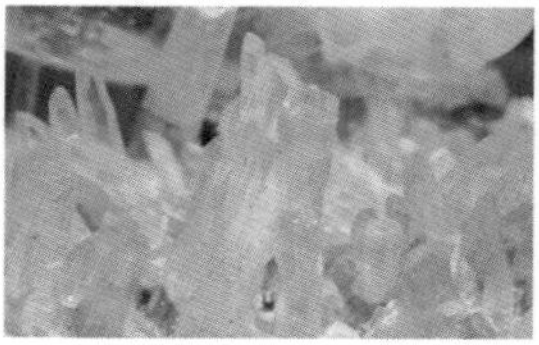

珪素（イメージ）

地球上でもっとも多く存在している元素は酸素ですが、その次に多いのが珪素だということはあまり知られていません。藻類の一種である珪素は、シリコンとも呼ばれ、自然界に存在する非金属の元素です。長い年月をかけながら海底や湖底・土壌につもり、純度の高い珪素の化石は透明な水晶になります。また、珪素には土壌や鉱物に結晶化した状態で存在している水晶のような鉱物由来のものと、籾殻のように微生物や植物酵素によって非結晶になった状態で存在している植物由来の２種類に分けられます。

そんな珪素が今健康・美容業界で注目を集めています。もともと地球上に多く存在することからも、生物にとって重要なことは推測できますが、心臓や肝臓、肺といった「臓器」、血管や神経、リンパといった「器官」、さらに、皮膚や髪、爪など、人体が構成される段階で欠かせない第14番目の自然元素として、体と心が必要とする唯一無比の役割を果たしています。

珪素は人間の体内にも存在しますが、近年は食生活や生活習慣の変化などによって珪素不足の人が増え続け、日本人のほぼ全員が珪素不足に陥っているとの調査報告もあります。また、珪素は加齢とともに減少していきます。体内の珪素が欠乏すると、偏頭痛、肩こり、肌荒れ、抜け毛、骨の劣化、血管に脂肪がつきやすくなるなど、様々な不調や老化の原因になります。しかし、食品に含まれる珪素の量はごくわずか。食事で十分な量の珪素を補うことはとても困難です。そこで、健康を維持し若々しく充実した人生を送るためにも、珪素をいかに効率的に摂っていくかが求められてきます。

こんなに期待できる！　珪素のチカラ

●健康サポート　●ダイエット補助（脂肪分解）　●お悩み肌の方に
●ミトコンドリアの活性化　●静菌作用　●デトックス効果
●消炎性／抗酸化　●細胞の賦活性　●腸内の活性　●ミネラル補給
●叡智の供給源・松果体の活性　●免疫の司令塔・胸腺の活性　●再生作用

◎安全・効果的・高品質！　珪素補給に最適な「レクステラ」シリーズ

珪素を安全かつ効率的に補給できるよう研究に研究を重ね、たゆまない品質向上への取り組みによって製品化された「レクステラ」シリーズは、ドクタードルフィン先生もお気に入りの、オススメのブランドです。

珪素は体に重要ではありますが、体内の主要成分ではなく、珪素だけを多量に摂って

「ドクターレックス プレミアム」、「レクステラ プレミアムセブン」、どちらも毎日お召し上がりいただくことをおすすめしますが、毎日の併用が難しいという場合は「ドクターレックス プレミアム」を基本としてお使いいただくことで、体の基礎を整えるための栄養素をバランスよく補うことができます。「レクステラ プレミアムセブン」は、どんよりとした日やここぞというときに、スポット的にお使いいただくのがおすすめです。

また、どちらか一方を選ぶ場合、栄養バランスを重視する方は「ドクターレックス プレミアム」、全体的な健康と基礎サポートを目指す方は「レクステラ プレミアムセブン」という使い方がおすすめです。

◎すこやかな皮膚を保つために最適な珪素クリーム

皮膚の形成に欠かせない必須ミネラルの一つである珪素は、すこやかな皮膚を保つために欠かせません。「レクステラ クリーム」は、全身に使える天然ミネラルクリームです。珪素はもちろん、数百キロの原料を精製・濃縮し、最終的にはわずか数キロしか取れない貴重な天然ミネラルを配合しています。合成着色料や香料などは使用せずに、原料から製造まで一貫して日本国内にこだわっています。濃縮されたクリームですので、そのまま塗布しても構いませんが、小豆大のクリームを手のひらに取り、精製水や化粧水と混ぜて乳液状にしてお使いいただくのもおすすめです。お肌のコンディションを選ばずに、老若男女どなたにも安心してお使いいただけます。

レクステラ クリーム

■ 50g　12,573円（税込）

●主な成分：水溶性濃縮珪素、天然ミネラル（約17種類配合）、金（ゴールド・ナノコロイド）、ヒアルロン酸、アルガンオイル、スクワラン、プロポリス、ホホバオイル、ミツロウ、シロキクラゲ多糖体
●使用目安：2～3か月（フェイシャルケア）、約1か月（全身ケア）

＊ご案内の価格、その他情報は発行日時点のものとなります。

◎植物性珪素と17種類の必須栄養素をバランスよく摂取

基準値量をクリアした、消費者庁が定める17種類の必須栄養素を含む、厳選された22の成分を配合したオールインワン・バランス栄養機能食品。体にはバランスのとれた食事が必要です。しかし、あらゆる栄養を同時に摂ろうとすれば、莫大な食費と手間がかかってしまうのも事実。医師監修のもと開発された「ドクターレックス プレミアム」なら、バランスのよい栄養補給ができ、健康の基礎をサポートします。

ドクターレックス プレミアム

■ 5粒×30包　8,640円（税込）

●配合成分：植物性珪素、植物性乳酸菌、フィッシュコラーゲン、ザクロ果実、ノコギリヤシ、カルシウム、マグネシウム、鉄、亜鉛、銅、ビタミンA・C・E・D・B_1・B_2・B_6・B_{12}、パントテン酸、ビオチン、ナイアシン、葉酸

●使用目安：１日あたり２包（栄養機能食品として）

◎珪素をはじめとする厳選した７成分で打ち勝つ力を強力サポート！

人体の臓器・器官を構成する「珪素」を手軽に補える錠剤タイプの「レクステラ プレミアムセブン」。高配合の植物性珪素を主体に、長年の本格研究によって数々の研究成果が発表された姫マツタケ、霊芝、フコイダン、β－グルカン、プロポリス、乳酸菌を贅沢に配合。相乗効果を期待した黄金比率が、あなたの健康を強力にサポートします。

レクステラ プレミアムセブン

■ 180粒　21,600円（税込）

●配合成分：植物性珪素、姫マツタケ、オキナワモズク由来フコイダン、直井霊芝、ブラジル産プロポリス、乳酸菌 KT-11（クリスパタス菌）、β－グルカン（β-1, 3/1, 6）

●使用目安：１日６粒～

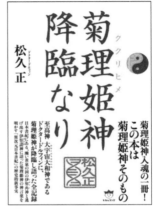

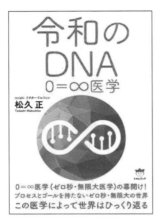

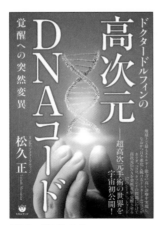

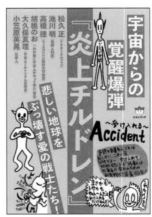

ヒカルランド　好評新刊！

地上の星☆ヒカルランド　銀河より届く愛と叡智の宅配便

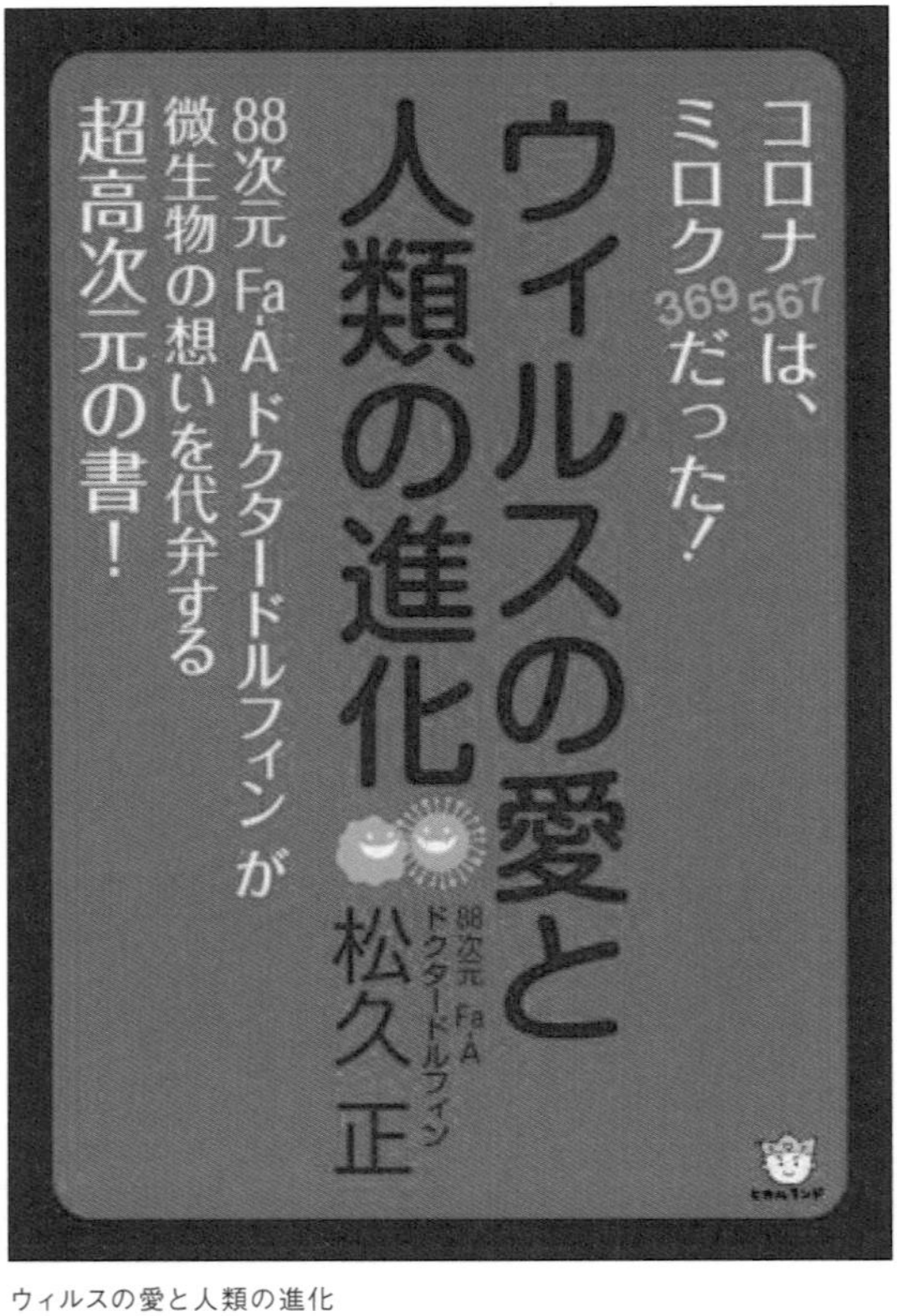

ウィルスの愛と人類の進化
著者：88次元 Fa-A ドクタードルフィン 松久 正
四六ハード　本体 1,600円+税